MANGA ZEICHNEN FÜR KINDER
SCHRITT FÜR SCHRITT

ALEKSANDAR MIHAJLOV

MANGA ZEICHNEN FÜR KINDER

SCHRITT FÜR SCHRITT

ALEKSANDAR MIHAJLOV ist seit 1997 als Manga-Künstler, Illustrator & Designer tätig. Er arbeitet und lebt seit Abschluss seines Kunststudiums in Mannheim in seiner Wahlheimat Berlin. Als einer der ersten Manga-Dozenten Deutschlands entwickelte Mihajlov unter dem Projektnamen Mihajlov-Artworks ein eigenes Manga-Unterrichtskonzept. Seit 2003 ist er deutschlandweit regelmäßig als Dozent im Einsatz und leitete u. a. in China und den Niederlanden Manga-Kurse und Workshops in Akademien und an Universitäten. In seinen Ateliers in Berlin bietet er seit 2007 Manga Basic- und Fortgeschrittenen-Kurse an.

Die Marke COPIC® und das Markenzeichen sind Eigentum der Too Corporation, Japan.
Wir danken der Too Corporation und ihrem deutschen Distributor, der Holtz GmbH (65205 Wiesbaden), für die freundliche Unterstützung.

Autor: Aleksandar Mihajlov
Fotos: Frank Schuppelius
Projektmanagement und Lektorat: Tina Bungeroth
Layout und Litho: Michael Feuerer
Druck und Bindung: Grafisches Centrum Cuno, Calbe

ISBN: 978-3-86230-124-9
Art.-Nr. EN30124

2. Auflage 2013

© 2012 Christophorus Verlag GmbH & Co. KG, Freiburg
Alle Rechte vorbehalten

Das Werk und seine Vorlagen sind urheberrechtlich geschützt, jede Verwertung oder gewerbliche Nutzung der Vorlagen und Abbildungen ist verboten und nur mit ausdrücklicher Genehmigung des Verlages gestattet. Dies gilt insbesondere für die Nutzung, Vervielfältigung und Speicherung in elektronischen Systemen und auf Datenträgern. Es ist deshalb nicht erlaubt, Abbildungen und Bildvorlagen dieses Buches zu scannen, in elektronischen Systemen oder auf Datenträgern zu speichern oder innerhalb dieser zu manipulieren.

Die Ratschläge in diesem Buch sind vom Autor und dem Verlag sorgfältig erwogen und geprüft, dennoch kann eine Garantie nicht übernommen werden. Eine Haftung des Autors bzw. des Verlages und seiner Beauftragten für Personen-, Sach- und Vermögensschäden ist ausgeschlossen.

Besuchen Sie uns auf unserer Website: www.christophorus-verlag.de

INHALTSVERZEICHNIS

Liebe(r) Mangaka 6

Das brauchst du – Material 8

Basics – Regeln, Aufbauten, Übungen 10
In Schritten zum fertigen Manga-Bild 10
Manga-typisch: die Augen 14
   Vom leeren Blatt bis zur Reinzeichnung 15
   Von der Reinzeichnung zur fertigen Koloration 16
   Augen-Beispiele: Weibliche Augenpaare 18
   Augen-Beispiele: Männliche Augenpaare 19
Der Kopf 20
   Kopfstudie: Manga Teen Girl 20
   Kopfstudie: Manga Teen Boy 22

Manga-Charakter-Designs 24
My Balloon 24
Wijuu-Muutschuuu 28
Bobbl-Muutschuuu 32
Shooshoo-Muutschuuu 36
Devilicious D. & The Dancing Flames 40
Robotboy & Muutschuuus 44
Elf & Bear 48
Flying Fairy 52
Goblin 56
Trio Bummtschakkk 60

Tschüss 64

LIEBE(R) MANGAKA,

du findest Manga genauso toll wie ich? Du magst die fröhlichen, süßen oder coolen Bilder, in denen du deiner Fantasie freien Lauf lassen und vielleicht sogar eine Geschichte erzählen kannst? Dann bist du mit diesem Buch genau an der richtigen Adresse! Hier lernst du Schritt für Schritt das Entwerfen und Zeichnen einer Figur – wir nennen sie Charakter – und das professionelle Kolorieren, also das farbige Ausarbeiten, mit COPIC® Markern.
In den einzelnen Schritten zeige ich dir den Aufbau jedes Bildes – du wirst sehen, dass man schon mit einfachen und wenigen Mitteln Bilder in Szene setzen kann. Und damit du dich am Anfang auf das Zeichnen und Kolorieren an sich konzentrieren kannst, nimm einfach meine Motive als Vorlage und zeichne sie ab. Also keine Skrupel! Einfach die Vorlagen herunterladen oder das Motiv abkopieren und los geht's.
Dabei bekommst du langsam aber sicher Routine mit Reinzeichnungen (eine mit Multiliner sauber gezeichnete Zeichnung, die du immer wieder kopieren kannst), lernst die verschiedenen Techniken kennen und kannst deine vorhandenen Fähigkeiten weiter ausbauen.
Ich wünsche dir nun viel Spaß und Erfolg beim Ausprobieren!

ALEKSANDAR MIHAJLOV

DOWNLOAD
Die Reinzeichnungen der Motive in diesem Buch kannst du auch im Internet herunterladen:
http://www.christophorus-verlag.de

Auf der diesem Buch beiliegenden **DVD** kannst du mir beim Zeichnen über die Schulter schauen. Außerdem gibt es dort viele nützliche Tipps!

MANGA ist Ausdruck für den ganz besonderen Stil des japanischen Comics. Merkmal der Figuren oder Charaktere in Mangas und Animes (Mangas in Filmform) sind besonders die ausdrucksstarken, großen Augen. Mangas werden mit viel Liebe zum Detail gezeichnet, und die Figuren befinden sich meist in aufwändigen Szenerien. Ein **Mangaka** ist jemand, der Mangas zeichnet.

Der Zeichnung eines Manga-Charakters gehen meist **Charakter-Designs** voraus, also Figuren-Entwürfe von Manga-Figuren zu einem Thema oder einer Geschichte. Für mich gehören diese Charakter-Designs zu den spannendsten Arbeitsschritten beim Zeichnen, weil dabei etwas gänzlich Neues entsteht und man verschiedene Versionen und Perspektiven der Figur anfertigen kann. Nimm bei den im Buch gezeigten Zeichenbasics leichte Veränderungen vor – und du kannst in deinen Charakter-Designs schon bald eigene Figuren erfinden!

DAS BRAUCHST DU – MATERIAL

Für die Mangas in diesem Buch habe ich folgende Materialien verwendet:

- ✗ COPIC® Ciao Marker
- ✗ COPIC® Sketch Marker
- ✗ Multiliner
- ✗ Various Ink
- ✗ Opaque White/Gel Pens
- ✗ Spica Glitter Pens
- ✗ COPIC® Bleedproof Papier DIN A4
- ✗ Leuchttisch

Du musst allerdings nicht gleich alles anschaffen! Am wichtigsten sind einige COPIC® Marker und das COPIC® Papier. Ansonsten arbeite erst einmal mit Stiften, die du zu Hause hast, und improvisiere auch mit anderen Materialien, wie z. B. Buntstiften, Aquarellfarben, Kugelschreiber, Tusche, Wasserfarben u. v. m. oder kombiniere diese.

Wie du im Buch sehen wirst, kannst du schon allein mit 3-4 Markern oder einfach nur ein paar Grautönen tolle

Ergebnisse erzielen. Statt COPIC® Markern kann ich dir zum Kolorieren z. B. **Aquarell-Buntstifte** empfehlen. Diese kannst du auch mit COPIC® Markern kombinieren, was zu sehr schönen Ergebnissen führt.
Ein **Leuchttisch** ist ein sehr praktisches Hilfsmittel für das Durchpausen. Da du höchstwahrscheinlich keinen zu Hause hast, kannst du dir zusammen mit einem Erwachsenen aus einer weißen Acrylglasplatte, einer kleinen Leuchtstoffröhre und einem Holzkasten selbst einen bauen.

TIPP
Die Marker sind mit der **Various Ink** Tinte wiederauffüllbar. Du musst also leere Stifte nicht wegwerfen; so sparst du Geld und schonst die Umwelt.
Mit Various Ink kannst du aber auch ohne viel Aufwand tolle Hintergründe gestalten, wie du später hier im Buch sehen wirst.

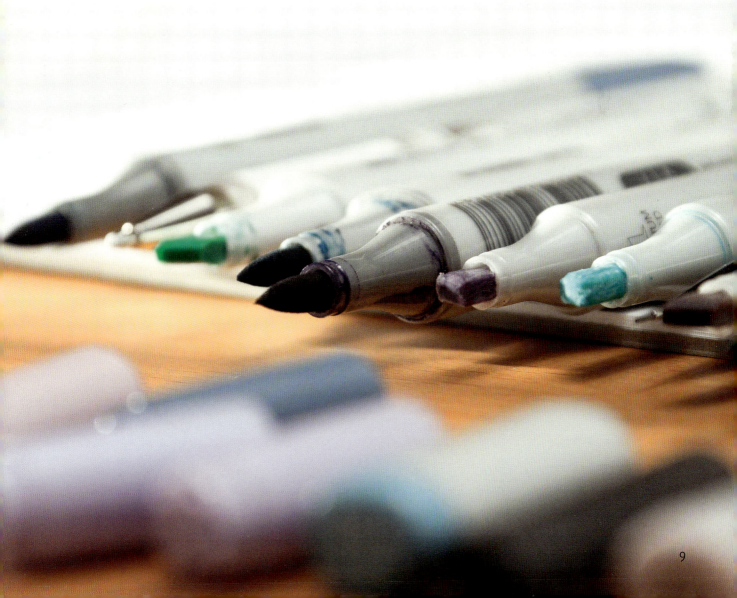

BASICS – REGELN, AUFBAUTEN, ÜBUNGEN

IN SCHRITTEN ZUM FERTIGEN MANGA-BILD

Beim farbigen Ausarbeiten eines Manga-Motivs ist es hilfreich, sich immer an diesem festen Schema zu orientieren. Wenn du dann später geübter bist, kannst du es auch anders machen, aber zu Anfang ist es sinnvoll, immer auf die gleiche Weise vorzugehen.

Das wichtigste ist jedoch, dass du Spaß bei der Sache hast! Sobald dir etwas zu kompliziert erscheint, vereinfache das Motiv und reduziere die Details.

AUFBAU

Zu Beginn entwirfst du die Figur und baust sie zeichnerisch auf. Dabei können einfache geometrische Formen eine wertvolle Hilfe sein. Hier gehst du noch recht grob vor, Details werden hier noch nicht ausgearbeitet.

Für ein niedliches Gesicht setzt du die Augenhilfslinie ungefähr im unteren Drittel an. In der Totalen kannst du dann langsam den endgültigen Bildaufbau erkennen.

Um dem Motiv noch mehr Dynamik zu geben, habe ich hier Geschwindigkeits-Streifen, die in einer Staubwolke enden, unter Astro-Cat gezeichnet.

SKIZZE

Nun fertigst du eine Skizze an, wobei du auch schon die Details einzeichnest. Arbeite mit Bleistift, damit du deine Skizze während des Zeichnens immer wieder verändern und Elemente hinzufügen oder wegnehmen kannst. Auch wenn du nach einer Vorlage arbeitest, kannst du das Motiv durch eigene Einfälle zu deinem eigenen machen!
Zum Skizzieren empfehle ich dir einen Druckbleistift in der Stärke HB, ein gängiger Bleistift tut es aber auch. Da du bei der Skizze noch die Möglichkeit hast, Dinge zu verändern, skizziere solange, bis du mit deinem Endergebnis zufrieden bist.

REINZEICHNUNG

Wenn du mit deiner Skizze zufrieden bist, fertigst du die Reinzeichnung an: Zeichne die Skizze ganz sauber mit einem Multiliner auf ein neues COPIC® Blatt.
Damit kannst du dir im Copyshop oder zu Hause auf COPIC® Papier ein paar Kopien deiner Schwarz-Weiß-Vorlage ausdrucken und mit diesen dann weiterarbeiten. So bleibt deine Originalzeichnung erhalten und du kannst mehrere Farbversionen testen, ohne das Ganze noch einmal zeichnen zu müssen. Schwarz-Weiß Kopien sind COPIC® Marker-kompatibel.

GRUNDIERUNG

Ab jetzt arbeitest du auf einer Kopie deiner Reinzeichnung weiter. Zunächst grundierst du das Motiv in hellen Farbtönen. Sollte etwas schiefgehen, kannst du mit einem dunkleren Farbton Fehler besser ausbessern oder kaschieren.

TIPP

Ich achte generell darauf, nicht über schwarze Linien zu fahren und male immer flächenweise aus, auch wenn diese klein sind.

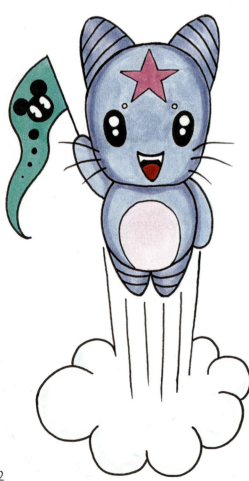

SCHATTIERUNGEN UND KONTRASTE

Schattiere das Motiv wie links zu sehen mit den dunklen Farbtönen und gib dem Bild dadurch mehr Kontrast.
So erhält das Bild mehr Tiefe und die räumliche Darstellung wird verstärkt.

HINTERGRUND UND DETAILS

Der Hintergrund ist sehr wichtig für die Wirkung deines Bildmotivs. Ich habe in diesem Buch die Hintergründe sehr einfach gehalten, aber probiere ruhig eigene Hintergrund-Ideen aus!
„Der Teufel steckt im Detail", an diesem Spruch ist was dran!
Beim letzten Schritt kannst du kleine Fehler beheben und mit zusätzlichen Materialien (z. B. Gel Pens, Spica Pens, Aquarell-Buntstiften usw.) Details ausarbeiten, die du hervorheben möchtest.

MANGA-TYPISCH: DIE AUGEN

DIE MENSCHLICHE AUGENREGEL

Schau dir mal einen anderen Menschen – oder dich selbst im Spiegel – genau an. Am deutlichsten wird das, was ich hier erklären möchte, an einem Foto: Miss aus, wie lang ein Auge ist. Und dann vergleiche diese Länge mit dem Abstand zwischen den beiden Augen. Du wirst sehen, dass Augenlänge und Augenabstand fast gleich sind! Das gilt aber nur für echte Menschen – bei Mangas ist das anders.

DIE MANGA-AUGENREGEL

Bei der Frontalansicht, d. h. wenn du eine Manga-Figur von vorn betrachtest, passt zwischen das Augenpaar mindestens eine Augenlänge, meist mehr.
Falls die Augen zu nahe zusammenstehen, kann dein Charakter schnell lustige Gesichtszüge bekommen und im schlimmsten Fall etwas schielen.
Der Abstand zwischen den Augen muss also mindestens eine Augenlänge betragen.

Mensch: Augenlänge = Augenabstand
Manga: Augenlänge ≤ Augenabstand

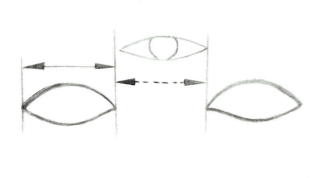
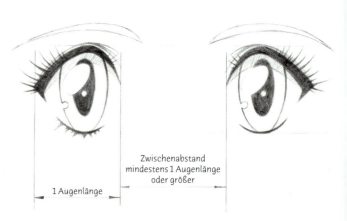

Bis man etwas Übung damit hat, die Augen richtig in ein Gesicht zu setzen, kommt es manchmal zu kleinen „Gesichtsunfällen". Die beiden **häufigsten Fehler** möchte ich dir im direkten Vergleich mit einem richtigen Gesicht zeigen.

Bei zu geringem Augenzwischenabstand bekommt das Gesicht einen schielenden Ausdruck.

Bei zu großem Augenabstand wirkt das Gesicht nicht mehr menschlich, eher wie eine Ameise.

Dieses Gesicht ist richtig: Die Abstände und die Symmetrien wirken harmonisch.

Vom leeren Blatt bis zur Reinzeichnung

Nachdem du die sehr wichtige Augenregel kennengelernt hast, kommen wir nun zum exakten Aufbau der ausdrucksstarken Manga-Augen. Schritt für Schritt zeige ich dir, wie Augen entstehen und wie sie farblich gestaltet werden.
Ich empfehle dir, gleich zu Beginn andere Formen für die Iris auszuprobieren, z. B. kreisrunde oder eckige. Orientiere dich dabei an den Augenbeispielen.
So entwickelst du schnell deinen eigenen Stil und kannst dich über hervorragende Ergebnisse freuen.

Materialien
- DIN A4-Papier
- Bleistift
- Radierer
- Spitzer

1. Schritt

Zeichne zunächst zwei Begrenzungslinien horizontal über ein DIN-A4-Blatt (bzw. später durch das Gesicht deines Charakters). In dem Abstand zwischen diesen Linien kannst du die Höhe und die Form der Augen und der Iris, dem farbigen Teil des Auges, besser eingrenzen.
Zeichne nun die Form der Iris in die Abgrenzung. Da hinein zeichnest du die Pupille, den schwarzen Teil des Auges. Der Abstand bis zur zweiten Iris sollte mindestens zwei Iris-Längen betragen.
Für eine effektvollere Wirkung des Auges zeichne das **Unterlid** immer etwas **kürzer**.
Mit dem **Oberlid** kannst du die Form und Länge des Auges bestimmen. Durch die am Oberlid wachsenden langen Wimpern kannst du das Oberlid sehr viel mehr betonen als das Unterlid. Das hebt die spätere Augenfarbe hervor und schafft einen guten Kontrast.

2. Schritt

Zeichne nun Unter- und Oberlid sowie die Glanzpunkte innerhalb der Markierungslinien.
Beachte bei den Glanzpunkten, dass jeder Glanzpunkt, den du z. B. linksseitig einzeichnest, sich beim rechten Auge ebenfalls linksseitig in derselben Form wiederholen muss.

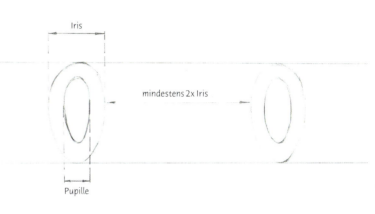

Die Pupille, also das Schwarz des Auges, liegt immer genau in der Mitte der Iris und hat dieselbe Form wie diese, nur eben kleiner.

3. SCHRITT

Radiere die Glanzpunkte frei und male die dunklen Stellen aus. So wie die Augen jetzt aussehen, könntest du sie sowohl für ein Mädchen als auch einen Jungen verwenden.

4. SCHRITT

Zeichne nun nahe am Oberlid die Augenlidfalte ein. Die gestrichelte Fläche im Auge zeigt den Schatten, den das Oberlid auf das Auge wirft.
Diesen brauchst du zur Orientierung für die spätere Koloration (farbliche Ausarbeitung).
Bei kleineren Gesichtern und Augen kannst du den Augenlidschatten weglassen.

5. SCHRITT

Nun zeichnest du die Augenbrauen ein. Sie sind sehr wichtig für den Ausdruck der Augen, denn je nach Stellung drücken sie verschiedene Gefühle aus. Die langen Wimpern zeichnest du in unregelmäßigen Abständen ins Oberlid. In das Unterlid zeichnest du die kürzeren Wimpern.
Je mehr lange Wimpern du an ein Auge zeichnest, desto weiblicher wirkt es. Daher solltest du bei Jungs etwas sparsamer mit den Wimpern umgehen.

VON DER REINZEICHNUNG ZUR FERTIGEN KOLORATION

COPIC® Farben	Grundierung	Schatten
Augen	Y17	R29
Augenweiß/Schattierung	B32	
Augenbrauen	BV02	BV04

MATERIALIEN
× Multiliner SP oder schwarzer Kugelschreiber
× COPIC® Ciao Marker oder Buntstifte

1. SCHRITT

Reinzeichnung (geschlechtsneutral)

Die hier abgebildete Reinzeichnung ist für jüngere Charaktere geeignet und geschlechtsneutral, d. h. du könntest das Augenpaar sowohl für ein Mädchen als auch für einen Jungen verwenden.

2. SCHRITT

Details: Augenbrauen, Wimpern, Pupille

Je mehr Wimpern du nun einzeichnest, desto weiblicher wird das Augenpaar. Passe die Wimpern also an deine Figur an.
Konzentriere dich dabei auf die äußere Hälfte der Augenlänge, in die du Wimpern zeichnest. Da das Augenlid oben bereits stärker betont ist, musst du nicht unbedingt überall welche einzeichnen.

3. SCHRITT

Grundierung

Nun malst du die Augenbrauen und die Iris mit den Grundierfarben aus. Mit Hellblau oder einem hellen Grau kannst du das Augenweiß zusätzlich schattieren. Dieser Schatten entsteht durch die langen Wimpern und erzeugt einen zusätzlichen 3D-Effekt.

4. SCHRITT

Schattierung Iris und Augen

Mit den dunkleren Farbtönen betonst du nun die untere Seite der Augenbrauen. Die Iris umrandest du innen mit dem dunklen Augenfarbton, ebenso wie die Pupille außen.

5. SCHRITT

Kontraste in der Iris

Nun gehst du mit dem gelben Grundton in die dunklen Stellen und verwischst sie nach unten hin. Mit den COPIC® Markern kannst du wunderbare Mischergebnisse erzielen, die das Endbild sehr schön leuchten lassen.
Wenn du mit Buntstiften arbeitest, kannst du denselben Effekt erzielen, indem du mit immer schwächer werdendem Druck nach unten hin arbeitest.

AUGEN-BEISPIELE: WEIBLICHE AUGENPAARE

Die Form der Augen, der Iris sowie der Augenbrauen können das Gesicht deines Charakters vollkommen verändern. Hier einige Beispiele von mir als kleine Anregung für dich. Es gibt natürlich Hunderte von Augentypen und -formen. Was am besten zu den eigenen Charakteren passt, ist von Zeichner zu Zeichner verschieden.
Am besten zeichnest du so viele Augenpaare wie möglich ab und übst eigene Augenformen, bis du für dich gefunden hast, was am besten zu dir und deinen Figuren passt.

Verschiedene Gesichtsausdrücke kannst du gut üben, indem du einfache Smileys zeichnest und ausprobierst, wie sich die Augenbrauen bei verschiedenen Gefühlen verhalten.
Schau einfach in den Spiegel und schneide ein paar Grimassen, die du in vereinfachter Form in die Smileys einzeichnest.

> **TIPP**
> Am besten zeichnest du immer von oben nach unten. So hast du eine bessere Übersicht und kannst noch feuchte Linien nicht verwischen.

Augenpaar 1:
Eine runde Iris und vor allem sehr lange Wimpern erzeugen eine sehr weibliche Wirkung.
Dickere Augenbrauen geben dem Ausdruck eine wilde Stärke.
Vorsicht: Zu viele Wimpern können eventuell kitschig wirken.

Augenpaar 2:
Eine nach innen gedrehte, bohnenförmige Iris wirkt sehr comichaft und ist für junge Charaktere geeignet.
Noch weiter nach oben gezogene Augenbrauen können dem Augenpaar einen lustigen/lachenden Ausdruck verleihen.

Augenpaar 3:
Eine ovale Iris schafft einen optisch vergrößerten Effekt.
Die Augenbrauen sind entspannt gehalten, dem Augenpaar gibt dies einen niedlichen und melancholischen Charakter.

Augenpaar 4:
Nach unten gerichtete Dreiecke erzeugen einen Katzenaugeneffekt. Der Charakter wirkt mysteriös und geheimnisvoll. Wenn du die Augenbrauen nahe ans Auge und nach oben verlaufend zeichnest, kann das Augenpaar sehr schnell böse wirken.

AUGEN-BEISPIELE: MÄNNLICHE AUGENPAARE

Die Augen der männlichen Charaktere sind in der Regel viel reduzierter und vereinfachter als die der weiblichen Figuren.
Die Iris ist meist kleiner (außer bei jüngeren Charakteren, Kindern etc.), die Form der Augenbrauen ist oft buschiger oder frecher und mit den Wimpern darf bei den Jungs (mit Ausnahmen) gespart werden.
Hier wurden bei allen Augenpaaren die Wimpern weggelassen und das Oberlid einfach stärker nachgezogen.

Die Augenpaare spielen auch eine wesentliche Rolle für die Wahl der Gesichtsform. Jünger wirkende Augen befinden sich eher in rundlichen Kopfformen, während schmalere, kleinere Augen, die eher erwachsen wirken, einen markanteren Kopf haben sollten. Merke dir: Je älter ein Charakter, desto länglicher ist die Gesichtsform.
Je jünger ein Charakter, desto runder ist das Gesicht und auch die Augen. Außerdem befinden sich die Augen bei jungen Menschen und Tieren im Gesicht weiter unten.

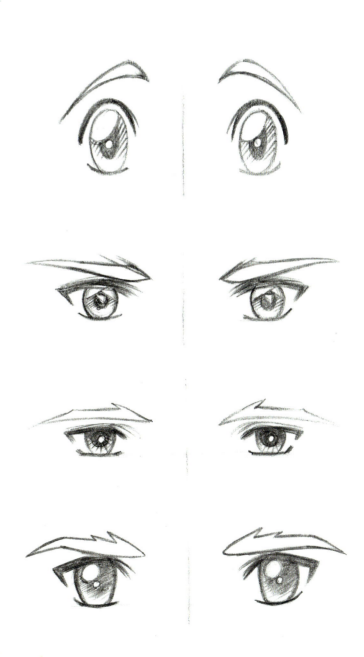

Augenpaar 1:
Eine ovale Iris wirkt eher niedlich bzw. lustig und kann eher Jungs im Kindesalter zugeordnet werden. Nach oben gezogene Augenbrauen und weit aufgerissene Augen erzeugen einen überraschten Ausdruck. Mit einem lachenden Mund dazu kann es sehr lustig wirken (siehe Elf & Bear).

Augenpaar 2:
Eine runde und kleinere Iris passt besser zu erwachsenen Männern.
Durch die etwas wilderen schrägen Augenbrauen wirkt das Augenpaar ernst und konzentriert.
Bei diesem Beispiel habe ich keine runden, sondern dreieckige Glanzpunkte gewählt.

Augenpaar 3:
Bei diesem runden Augenpaar sind die Augenbrauen entspannt und unregelmäßig geformt.
Zu männlichen Charakteren passen etwas dickere, buschigere und zackigere Augenbrauen, aber natürlich sind auch dünne erlaubt.

Augenpaar 4:
Dieses Augenpaar liegt von der Form her zwischen oval und rund und kann Jungs im Teenager-Alter zugeordnet werden. Da die Augen und die Augenbrauen nicht zu schmal sind, haben diese Augen einen gutmütigen Ausdruck.

DER KOPF

Mit bestimmten Grundregeln kannst du ganz einfach einen Kopf zeichnen. Alles, was du dafür können musst, ist einen Kreis zu zeichnen. Und wenn du's nicht kannst: Das kann man sehr gut üben!

> **TIPP**
> Falls du mit Kreisen Schwierigkeiten hast, versuche zu Anfang, die Gesichtsform einfach in Form eines angespitzten U's zu zeichnen.

KOPFSTUDIE: MANGA TEEN GIRL

Hier zeige ich dir schrittweise den Aufbau des Kopfes einer jungen Frau. Um die Sache nicht zu kompliziert zu machen, bleiben wir bei der Frontalansicht, also der Ansicht von vorn.

1. SCHRITT

Als Erstes zeichnest du einen Kreis, den du mit einer dünnen Mittellinie halbierst. Dann zeichnest du die Seiten- und Kinnpartie ein. Die überschüssigen Linien des Kreises kannst du wegradieren.
Wenn das Gesicht niedlich aussehen soll, zeichne den gesamten Kopf eher rundlich. Je länger die Gesichtsform, desto erwachsener wirkt der Charakter.
Aber Vorsicht! Ab einer gewissen Länge kann es zu einem Pferdegesicht mutieren!

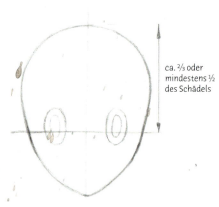

ca. ⅔ oder mindestens ½ des Schädels

2. SCHRITT

Nun zeichnest du die waagerechte Augenhilfslinie (siehe Augenstudie) ein. Bei erwachsenen Charakteren befindet sie sich etwa in der Mitte des Kopfes. Je jünger deine Figur sein soll, desto weiter rutscht diese Linie nach unten in das untere Drittel des Kopfes.
Auf diese Hilfslinie zeichnest du nun die Augen (eigentlich nur die Iris) in der gewünschten Form in das Gesicht.

3. SCHRITT

Oberhalb und unterhalb der Iris zeichnest du nun das Ober- und Unterlid ein, die dem Auge eine charakteristische Form geben.
Die Stirn- und Nasenmulde liegt zwischen den Augen, d. h. die Nasenspitze muss immer unterhalb der Augen liegen. Bei weiblichen Charakteren wird sie als kleines Dreieck eingezeichnet oder einfach nur als Nasenlöcher mit zwei Pünktchen angedeutet.

4. SCHRITT

In der Höhe zwischen dem Oberlid und der Nasenspitze befinden sich seitlich am Kopf die Ohren. Diesen Zwischenraum kannst du dir mit dünnen Linien markieren. Dann zeichnest du die Ohren als schmale Ovale ein. Dort, wo der Kopf nach unten zum Kinn hin schmaler wird, zeichnest du den Mund ein. Ab der Biegung zum Kinn beginnt der Kiefer. Das ist eine gute Orientierung für die Platzierung des Mundes.

5. SCHRITT

Ungefähr die Mitte der Pupille kannst du dir grob als Richtlinie für den Hals merken. Markiere dir die Punkte am Kinn und zeichne den Hals zur Schulter hin rund ein.
Je nachdem, wie weit die Augen auseinander stehen, kann der Hals eventuell etwas zu breit wirken. In diesem Fall kannst du den Hals natürlich auch schmäler zeichnen.
Nun zeichnest du auch die Augenbrauen ein, die ein wesentlicher Bestandteil des Gesichtsausdrucks sind.

6. SCHRITT

Zeichne nun die Wimpern und den Unterlippenschatten ein. In das Ohreninnere zeichnest du je ein halb offenes Oval. Nun zeichnest du die Glanzpunkte in die Augen. Die Pupille malst du schwarz aus, die Glanzpunkte bleiben weiß.
Du kannst die Glanzpunkte auch nachträglich mit einem weißen Gel-Stift bearbeiten oder ganz neu malen. Lebendig wirkende Augen haben mindestens einen Glanzpunkt. Versuche aber auch mal mehrere Glanzpunkte und du wirst sehen, dass sich der Ausdruck dadurch verändert.

7. SCHRITT

Nun sind die Haare an der Reihe. Beginne mit den Ponysträhnen und dem Deckhaar. Diese geben dem gesamten Kopf etwas mehr Volumen. Du kannst ruhig über den Hilfskreis hinaus zeichnen und den Kopf größer wirken lassen (siehe Bild). Anschließend kannst du seitlich der Ohren die Strähnen einzeichnen. Zu guter Letzt zeichnest du die hinteren Haarsträhnen ein. Wenn du damit fertig bist, kannst du alle übrigen Hilfslinien wegradieren. Fertig ist dein Kopf! Haare sind ein unglaublich schwieriges Thema! Mach es dir zu Anfang so leicht wie möglich und wähle einfache Frisuren. Mit der Zeit bekommst du den Dreh raus!

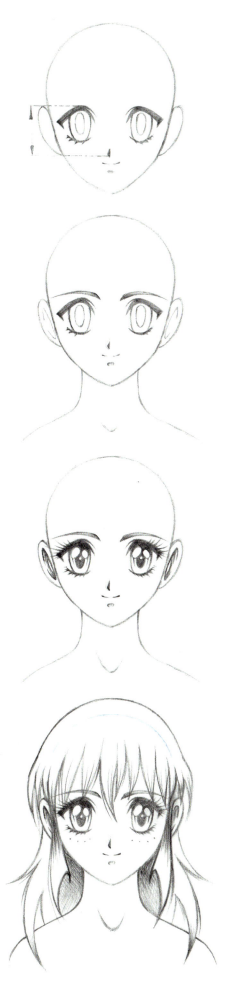

KOPFSTUDIE: MANGA TEEN BOY

> **TIPP**
> Bau dir für den Kopfaufbau den Hilfskreis immer mit kleinen Strichen auf. Das geht viel einfacher als in einem Zug einen Kreis zu zeichnen.

1. SCHRITT

Mit mehreren kleinen Strichen zeichnest du als Erstes einen Kreis. Zeichne dann die senkrechte Symmetrielinie, mit der du den Kreis in zwei Hälften teilst.
Diese Linie und die waagerechte Augenhilfslinie sind später besonders wichtig, weil sie dir helfen, das Gesicht richtig einzuzeichnen.

2. SCHRITT

Nun zeichnest du die Seiten- und Kinnpartie ein.
Ein Männergesicht hat meist markante und etwas eckigere Formen (z. B. ein kantiges Kinn).
Bei jüngeren Charakteren (Jungs) darf die Gesichtsform wie bei den Mädchen rundlicher sein.

3. SCHRITT

Nun zeichnest du, dem Alter des Charakters entsprechend, die horizontale Augenhilfslinie (siehe Augenstudie) sowie Iris, Nase und Mund ein. Zeichne dann die gewünschte Augenform ein.
Die Nase soll bei einem Mann nicht niedlich aussehen, deswegen kannst du sie gerne etwas größer einzeichnen und musst sie nicht auf die Nasenspitze reduzieren.
Den Mund kannst du ebenso etwas größer einzeichnen (Länge etwa wie der Abstand von Iris zu Iris).

4. SCHRITT

Zeichne nun die Ohren in der gewünschten Form an die Seiten des Gesichts. Du kannst auch andere Ohrformen wählen, wie z. B. spitz zulaufende Vampir-Ohren. Oder du lässt einfach Haare darüber wachsen und sparst dir damit die Ohren.
Zeichne den Hals zur Schulter hin rundlich verlaufend ein. Anschließend setzt du die Glanzpunkte und malst die Pupille schwarz aus.

5. SCHRITT

Zeichne nun die Augenbrauen, den Haaransatz und die Halsmulde inklusive des Schlüsselbeins ein. Du kannst auch andere Augenbrauen einzeichnen und den Ausdruck von vornherein ändern. Anstatt Haaren auf dem Kopf könntest du auch eine Kopfbedeckung zeichnen, wie z. B. eine Baseballmütze oder einen Wikingerhelm. Ganz toll wirken auch z. B. Federn, Panzerschuppen, Wurzeln u. v. m. Dadurch wird der Charakter zwar mutantenartig, erhält aber eine ganz eigene spezielle Note!

6. SCHRITT

Männerfrisuren sind sehr viel einfacher zu zeichnen, da die Haare oft kürzer sind.
Mein Klassiker ist: Haare wie Flammen nach oben zeichnen und am Hinterkopf ein paar Strähnen hängen lassen – man könnte auch Steckdosenfrisur dazu sagen!
Schau dir am besten viele Frisuren auf Fotos und Abbildungen an und versuche, diese so einfach wie möglich darzustellen. Je mehr Details, wie z. B. einzelne Strähnen, du einfügst, desto toller werden die Frisuren.

7. SCHRITT

Den vorher eingezeichneten Haaransatz arbeitest du nun zeichnerisch etwas aus. Falls du möchtest, kannst du auch einzelne Haarsträhnen ins Gesicht hängen lassen. Wenn du damit fertig bist, kannst du alle übrigen Hilfslinien wegradieren. Hier kannst du mit dem Bleistift am Haaransatz einzelne Haare einzeichnen, was die Frisur lebendiger erscheinen lässt. Fertig ist dein Männerkopf!

MANGA-CHARAKTER-DESIGNS

MY BALLOON

COPIC® Farben	Grundierung		Schatten
Aquamarini			
Haut	V17		FB2
Bauch	Y26		
Flossen/Flecken	BG45		
Zunge	R24		RV29
Balloonfishy			
Schuppen	BG45		BG49
Backen/Spikes	Y08		YR04
Augen	V12	RV17	B00
Krebs			
Panzer	R24		RV29
Augenschatten			B00
Hintergrund			
Wasser	BG11	BG32	
	B12	B32	
	B14		
Sand	E31	E43	

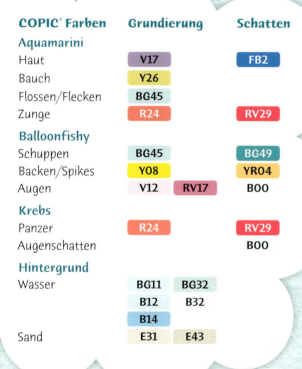

„Mein Ballon!", denkt sich Aquamarini, der kleine Wassermutant. Ob es der Kugelfisch genauso toll findet, ist fraglich. 😉 Selbst der kleine Krebs guckt skeptisch!
Bei diesem Bild tauchen wir ab in die lustige Welt des kleinen Wassermutanten Aquamarini. Hier kannst du auch ganz toll einen eigenen Hintergrund einbauen. Versuche es mal mit Korallen, Muscheln und Algen. 😊

MATERIALIEN
× COPIC® Ciao Marker oder Sketch Marker
× COPIC® Bleedproof Papier (DIN A4)
× Multiliner SP (Black 0,3 / 0,5 / 0,8)

1. SCHRITT

Bau dir zeichnerisch die Charaktere in einzelnen Schritten auf und fertige die Reinzeichnung sauber an.

Für die Reinzeichnung legst du deine Skizze unter ein neues Blatt und zeichnest sie langsam und sauber mit einem Multiliner ab.

Je kleiner dein Motiv ist, desto dünner solltest du die Multiliner-Spitze wählen.

Beim Durchpausen achte immer darauf, das Blatt mit deiner freien Hand gut festzuhalten, damit es nicht verrutscht.

TIPP
Die unterschiedlichen Farben in den Vorzeichnungen sollen dir helfen, die einzelnen Linien besser zu unterscheiden.

2. SCHRITT

Mit den hellen Farbtönen grundierst du Aquamarini, Balloonfishy und den kleinen Krebs. Sollte etwas schief gehen, kannst du den Fehler mit dunkleren Farbtönen übermalen und abdecken. Natürlich kannst du auch andere Farben verwenden.

3. SCHRITT

Anschließend setzt du mit den dunkleren Farbtönen die Schatten und Kontraste.
Schau dir die Schatten von diesem Bildbeispiel ab und male diese so gut wie möglich nach. Für dieses Bildmotiv wären z. B. Aquarellfarben eine gute Alternative für den Hintergrund.

4. SCHRITT

Nun kommen wir zur Gestaltung des Hintergrunds: Bereite dir auf einem Extrablatt ein Motivmuster für den Hintergrund vor. Dieses legst du dann unter dein Bild und zeichnest das Muster sauber ab. Damit gehst du bei Unsicherheiten bezüglich des Hintergrundes auf Nummer sicher und musst nicht das ganze Bild neu zeichnen.

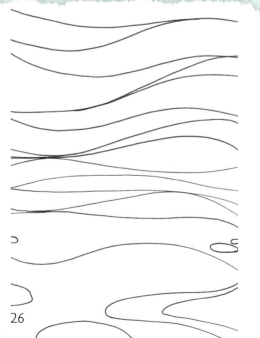

COPIC® Farben	Grundierung	Schatten
Charakter		
Haut	R24	RV29
Haare/Flossen/Details	Y08	FYR1
Augen	B52	B14
Federn	B52	B14
Hintergrund	B12 Various Ink	
	B06	

Wijuu-Muutschuuu

Meine Muutschuuus sind kleine geflügelte Mutanten, die, wie du sehen wirst, aus einfachen Kreisformen aufgebaut sind. Hier lernst du das Wijuu-Muutschuuu und den Flügelaufbau kennen. Den Flügelaufbau kannst du auch bei anderen Charakter-Designs, z. B. für Engel, verwenden.

Materialien
- COPIC® Ciao Marker oder Sketch Marker
- COPIC® Bleedproof Papier (DIN A4)
- Multiliner SP (Black 0,3)
- Various Ink

1. Schritt

Bau dir zeichnerisch den Charakter in einzelnen Schritten auf und fertige die Reinzeichnung an. Du kannst diese Flügel auch gerne weglassen und eigens entworfene Flügel dranbasteln. Das macht dein fertiges Bild individueller! Alternativ kannst du dir, bei zeichnerischen Schwierigkeiten, die abgebildete Vorlage der Reinzeichnung größer kopieren und abpausen.

TIPP
Damit du dir den Aufbau der spitzen Flügel besser vorstellen kannst, hast du eine separate Flügelstudie, die dir den Aufbau genau zeigt.

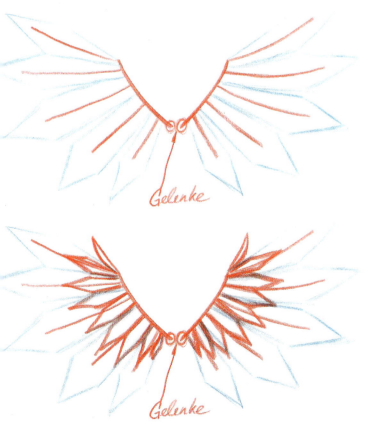

2. SCHRITT

Mit den hellen Farbtönen grundierst du das Wijuu-Muutschuuu. Du kannst natürlich auch andere Farbtöne benutzen, dadurch wird das Endbild eine ganz andere Wirkung haben, und du wirst sicher ein tolles Ergebnis erreichen!

3. SCHRITT

Anschließend setzt du mit den dunkleren Farbtönen die Schatten und Kontraste. Fang dabei in den Ecken und Kanten des Charakters an und helle diese langsam auf (siehe Federn/Kopf/Schweif).

4. SCHRITT

Für den Hintergrund verteilst du mit der Düse der Various Ink Flasche beliebig Tinte in hellen Blautönen auf deinem Bild. Danach träufelst du dunklere Tinte in die noch nasse hellere Tinte – so mischen sich die Farben auf dem Papier. Doch Vorsicht! Pass' auf, dass die Tinte nicht in dein Motiv läuft. Beginne daher immer am Blattrand. Außerdem solltest du eine Unterlage (DIN A3) unter dein Bild legen. Das Blatt wellt sich durch die Flüssigkeit. Sobald die Tinte nach ca. 10 Minuten einigermaßen trocken ist, legst du das Bild in einen Zeichenblock, um es flach zu drücken. Dann wird es nach einigen Minuten wieder flach.

BOBBL-MUUTSCHUUU

COPIC® Farben	Grundierung	Schatten
Charakter		
Haut	V12	B52
Backen	V91	
Flossen/Bauch/Details	YG05	B52
Augen	Y08	R24
Zunge	R29	
Fingernägel	RV17	
Haare/Federn	BG13	BG15
Hintergrund	B32	Various Ink
	B14	V12

Das Bobbl-Muutschuuu freut sich rund! Dementsprechend passend sind seine runden Körperformen und ovalen Flügel. Wer so ausschaut, kann nur nett sein!

Materialien
× COPIC® Ciao Marker oder Sketch Marker
× COPIC® Bleedproof Papier (DIN A4)
× Multiliner SP (Black 0,3)
× Various Ink

1. SCHRITT

Du baust dir zeichnerisch den Charakter in einzelnen Schritten auf und fertigst die Reinzeichnung sauber an.

Für die Reinzeichnung empfehle ich dir, zuerst alle Hauptlinien, wie Kopf, Körper und Flügel, zu zeichnen. Später arbeitest du dann in aller Ruhe die Details aus. Gerade bei Haaren und kleineren Details, wie den Schuppen, solltest du dir etwas mehr Zeit lassen, damit das Ergebnis so sauber wie möglich wird.

TIPP
Damit du dir den Aufbau der runden Flügel besser vorstellen kannst, siehst du auch für diesen Muutschuuu eine separate Flügelstudie.

2. SCHRITT

Mit den hellen Farbtönen grundierst du Bobbl-Muutschuuu. Wie zuvor, kannst du auch hier schon farblich variieren oder ganz neue Effekte erzeugen, z. B. indem du Buntstifte mit COPIC® Markern mischst.
Male am besten zuerst die großflächigen Bereiche aus und gehe erst später in die kleineren Bereiche – das ist einfacher und du sparst Zeit.

3. SCHRITT

Anschließend setzt du mit den dunkleren Farbtönen die Schatten und Kontraste. Nahe am Kopf und Körper setzt du mit den dunklen Tönen an und dunkelst sparsam ab. Schau dir das Beispielbild genau an und mach's genauso.

4. SCHRITT

Nun verteilst du mit der Düse der Various Ink Flasche Tinte in den hellen Farbtönen auf deinem Bild. Danach träufelst du dunklere Tinte darauf, so dass sich die Farben auf dem Papier mischen. Du musst nur aufpassen, dass die Tinte nicht in dein Motiv läuft. Daher beginne immer am Blattrand. Lege unbedingt eine Unterlage unter dein Bild! Sobald die Tinte nach ca. 10 Minuten einigermaßen trocken ist, legst du das nun etwas wellige Blatt in einen Zeichenblock und drückst es flach.

COPIC Farben	Grundierung	Schatten
Charakter		
Haut	B00	B41
Haare/Backen/Bauch	V91	V12
Details Zunge/Fingernägel/Hörner	RV17	
Flügel	V12 RV17	
	BG13 B06	
Hintergrund	W3 Various Ink	
	Colourless Blender 0	

SHOOSHOO-MUUTSCHUUU

Das Shooshoo-Muutschuuu fliegt mit tollen Schmetterlingsflügeln durch unser Buch. Hier bekommst du gezeigt, wie leicht du mit Farben und Mustern beeindruckende Effekte erzeugen kannst.

Um es dir etwas einfacher zu machen, kannst du die Anzahl der Flügel auch verringern.

Materialien

- COPIC® Ciao Marker oder Sketch Marker
- COPIC® Bleedproof Papier (DIN A4)
- Multiliner SP (Black 0,3)
- Various Ink

1. Schritt

Du baust dir zeichnerisch den Charakter in einzelnen Schritten auf und fertigst die Reinzeichnung sauber an.
Auch hier kannst du damit beginnen, den Muutschuuu im Vorfeld zu verändern, z. B. mit anderen Schuppen oder einem Muster. Schau dir die verschiedenen Muster aus dem Tierreich an, das hilft und inspiriert!

2. SCHRITT

Wenn du die Reinzeichnung fertig hast, beginnst du damit, den Shooshoo-Muutschuuu in den hellen Farbtönen auszumalen. Mit der Pinselspitze des Ciao Markers gelangst du wunderbar in alle Ecken und Kanten. Ein bisschen Konzentration und Geduld solltest du aber bei kleinen Motiven oder schwierigen Mustern schon aufbringen.
Leg' auch öfters mal eine Pause ein – dann kannst du dich gleich viel besser konzentrieren!

3. SCHRITT

Anschließend setzt du mit den dunkleren Farbtönen die Schatten und Kontraste. Das Flügelmuster kannst du mit der dunkelsten Farbe frei und beliebig selbst gestalten, denn durch eigene Farb- und Mustergestaltung gibst du jedem deiner Bilder eine persönliche Note!

4. SCHRITT

Male den Hintergrund gleichmäßig aus. Anschließend tropfst du mit Various Ink-0 (Colourless Blender) viele „Luftblasen" auf dein Bild. Beginne am Bildrand, um abschätzen zu können, wie sich der Blender auf dem Bild verhält. Lege eine Unterlage (DIN A3) unter dein Bild!
Der Colourless Blender absorbiert die grundierte Farbe: Im Inneren der Blase wird die Farbe aufgehellt, nach außen hin wird sie dunkler. Zum Abschluss deutest du mit der Pinselspitze des Colourless Blender noch kleinere Bubbles an.

DEVILICIOUS D. & THE DANCING FLAMES

COPIC® Farben	Grundierung	Schatten
Devilicious D.		
Haut	R24	R29
Augen	BG13	BG49
Fell/Bart	Y08	FYR1
Zunge	R29	
The Dancing Flames		
Flammen	Y08	R29
Zunge	R29	
Hintergrund	N9	
	R29	Various Ink

Devilicious D. lässt eine Party steigen! Als Partybeleuchtung dienen ihm die geflügelten Dancing Flames, die Party kann ja nur heiß werden!

Materialien
- COPIC® Ciao Marker oder Sketch Marker
- COPIC® Bleedproof Papier (DIN A4)
- Multiliner SP (Black 0,3/0,5)
- Various Ink

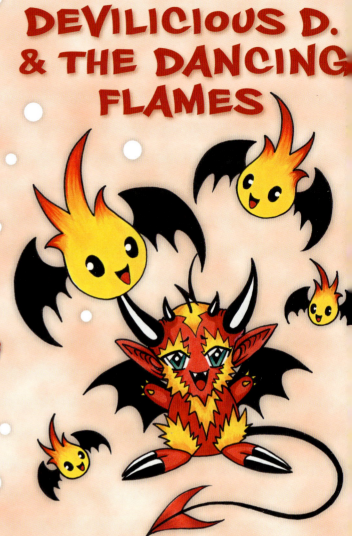

1. SCHRITT

Bau dir zeichnerisch die Charaktere in einzelnen Schritten auf und fertige die Reinzeichnung sauber an.

Zeichne für die Dancing Flames einen Kreis mit den Augenhilfslinien darin. Seitlich kannst du anschließend zwei abgewinkelte Bögen einzeichnen. Den Kreis fährst du dick nach und zeichnest oben flammenähnliche Zacken ein.
Mit abgerundeten zackigen Formen rundest du nun die Flügel unten ab, ähnlich wie bei einer Fledermaus. Nun zeichnest du nur noch Augen und Mund ein.
Mit dem Multiliner zeichnest du alles nach und malst die Flügel schwarz oder in Farbe aus.

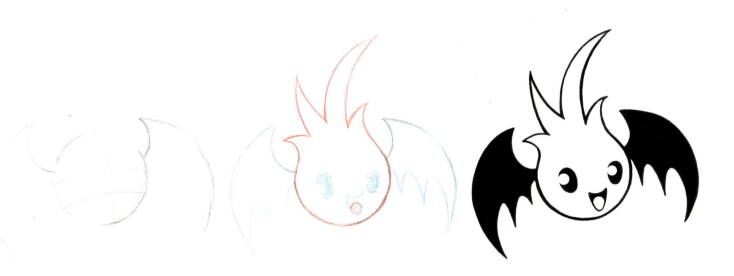

2. SCHRITT

Die roten Bereiche von Devilicious D. grundierst du komplett mit dem hellen roten Hautton. Sei besonders vorsichtig in den kleinen Flächen des Teufelchens. Da die Pinselspitze des Markers sehr biegsam ist, musst du konzentriert und mit wenig Druck arbeiten.

TIPP

Du kannst auch mit Materialien improvisieren: Nimm dir dazu einfach alles, was du zu Hause zum Ausmalen hast. Das Ergebnis wird mit Sicherheit sehr schön!

3. SCHRITT

Anschließend setzt du mit den dunkleren Farbtönen die Schatten und Kontraste. Die kleinen Flammen rund um das Teufelchen gestaltest du alle ähnlich. So wird dein Motiv spannend, aber nicht zu unruhig, denn der Schwerpunkt des Bildes soll später ja bei Devilicious D. liegen.

4. SCHRITT

Mit der Pinselspitze des Markers malst du den ganzen Hintergrund einfarbig aus. Dann tropfst du Various Ink Tinte beliebig in den Hintergrund. Diese Tropfen bearbeitest du mit der Pinselspitze noch etwas – und schon hast du einen einfachen, aber effektvollen Rauchschwadeneffekt! Bei dieser farbintensiven Hintergrundgestaltung ist es hilfreich, ein extra Handauflageblatt zu verwenden, um nicht an der Farbe festzukleben.

COPIC® Farben	Grundierung		Schatten	
Robotboy				
Rüstung	C0		C6	
Mund	R29			
Effekte	B00			
Mini-Muutschuuu Red	R24		RV29	
	Y08			
Mini-Muutschuuu Green	YG05		BG32	
	V91		B32	RV17
Hintergrund	B12	B14		
Big Muutschuuus	siehe Muutschuuus S. 28/32.			

ROBOTBOY & MUUTSCHUUUS

Bei diesem Bild möchte ich dir einen ganz einfachen Trick zeigen, wie wir Zeichner ein spektakulär wirkendes Bild erschaffen: die Reinzeichnungskombination.
Dabei legst du einfach Reinzeichnungen in verschiedenen Kombinationen unter dein Bild und paust diese ab. So entstehen tolle Gruppenbilder, der Aufwand ist gering, und es geht schnell.

MATERIALIEN
× COPIC® Ciao Marker oder Sketch Marker
× COPIC® Bleedproof Papier (DIN A4)
× Multiliner SP (Black 0,3)

1. Schritt

Zunächst baust du dir Robotboy und die Mini-Muutschuuus in einzelnen Schritten zeichnerisch auf und fertigst die Reinzeichnung sauber an. Robotboy entsteht zuerst.

Für die Muutschuuus kannst du neue Charaktere entwerfen oder auch auf Reinzeichnungen bereits fertiger Motive zurückgreifen. Diese legst du einzeln unter dein Robotbild.

Wenn dir die Positionierung gefällt, paust du das Ganze ab. Das Endergebnis sieht sehr schön aus und ist weniger aufwändig, als man denkt.

Nicht Vergessen

Du kannst auch die abgebildete Vorlage einfach größer kopieren und abpausen. Mach dir dann am besten von deiner Reinzeichnung eine Kopie auf COPIC® Papier. So bist du auf der sicheren Seite, falls mal etwas schief geht.

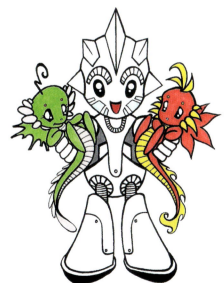

2. SCHRITT

Nun grundierst du das Bild mit allen hellen Farbtönen. Du fängst bei einem Charakter deiner Wahl an und arbeitest dich durch das gesamte Bild.
Viele Details, wie Schuppen, Haare, Federn usw., musst du besonders langsam und vorsichtig mit der Pinselspitze ausmalen.

TIPP

Fertige bei einem so aufwändigen Bild mehrere Kopien an und bewahre die Originalzeichnung sicher auf. So kannst du z. B. neue Farbkombinationen ausprobieren.

3. SCHRITT

Nach der Grundierung bekommen alle Charaktere mit den dunklen Farben ihre Kontraste und Schattierungen. Auch hier empfehle ich dir, mit den größeren Flächen, wie z. B. den Körpern, anzufangen.

4. SCHRITT

Für den Hintergrund malst du im hellen Farbton nach Belieben so viele Pünktchen, bis eine Wolke entsteht. Danach malst du noch einige Punkte mit dem dunklen Farbton aus und schaffst dadurch extra Kontraste.

ELF & BEAR

COPIC® Farben	Grundierung		Schatten	
Elfenmädchen				
Haut	E21		E13	
Backen	E93			
Haare	RV06		V17	
Augen	B52		B14	BG18
Kleid	YG09		YG13	BG18
Bär	R20	BV01	V15	
Schatten	C1			

Das kleine Elfenmädchen und der Schweinebär – hier zeichnest du gleich zwei unterschiedliche Figuren in einem Bild.
Dieses Motiv bietet dir viel Spielraum, um Kontraste und die Koloration der Haare zu üben.

Materialien
× COPIC® Ciao Marker oder Sketch Marker
× COPIC® Bleedproof Papier (DIN A4)
× Multiliner SP (Black 0,3 / 0,5)
× Spica Glitter Pen

1. SCHRITT

Wie gewohnt, fertigst du zunächst die Reinzeichnung an. Du kannst die Schrittfolgen einzeln zeichnen oder du paust sie dir von der Vorlage ab. Beginne am besten mit dem Kopf des Elfenmädchens. Kreisförmig baust du dir im Anschluss dann den Brustbereich und das Kleid auf. Die Knie deutest du U-förmig unter dem Kleid an. Du kannst die Figuren auch einzeln und nicht in Kombination zeichnen, so zauberst du aus diesem einen Motiv gleich zwei Bilder!

2. SCHRITT

Mit den hellen Farbtönen grundierst du das Elfenmädchen und den Schweinebär. Bei den Haaren kannst du jetzt schon mittig helle Stellen (die Glanzpunkte) aussparen oder alternativ am Schluss mit weißem Gel-Stift nachbearbeiten.

3. SCHRITT

Mit den dunklen Farben fügst du nun die Schattierungen und Kontraste hinzu, anschließend arbeitest du mit dem Spica Pen die Details aus (Fingernägel, Hörner, etc.).
Die Haare kannst du in den Spitzen und am Haaransatz abdunkeln, schau dir hierfür genau das Bildbeispiel an und versuche es nachzumalen.

TIPP

Kreiere bei diesem Motiv deine eigene tolle Elfenwelt! Versuche z. B. ganz viele einfache Formen, wie Würfel, Kreise, Blüten oder Sterne, in den Hintergrund zu zeichnen, die du dann quietschbunt ausmalst. Du wirst sehen, das Ergebnis überzeugt!

COPIC Farben	Grundierung		Schatten	
Charakter				
Haut	E00		E02	
Haare	BV00		V17	
Augen	E93		RV17	
Kleidung	Y26	G99		
	E35	N3		
Blume, Zentrum	Y08		Y17	
Blüten	YG17	Y17		
	YR04	V12		
	RV17			
Hintergrund/ Himmel	B21		FBG02	B14
			(Punktierung)	

FLYING FAIRY

Bei dieser Bildvorlage kommt vor allem die Pinselspitze von COPIC® Sketch/Ciao Markern zum Einsatz. Durch einfaches Setzen von Punkten schaffst du mit wenig Aufwand einen lebendigen und tollen Effekt.
Auch bei diesem Bild kannst du den Hintergrund verändern, indem du z. B. die Orchideen weglässt und gänzlich neue Elemente einzeichnest.

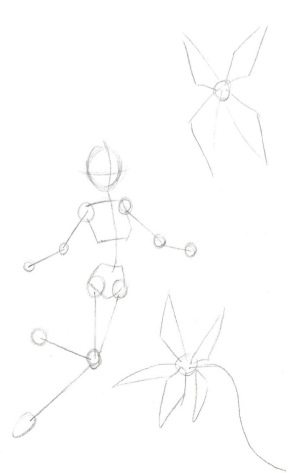

Materialien
- COPIC® Ciao Marker oder Sketch Marker
- COPIC® Bleedproof Papier (DIN A4)
- Multiliner SP (Black 0,3 / 0,5)

1. Schritt

Als Erstes baust du dir den Charakter in einzelnen Schritten zeichnerisch auf und fertigst die Reinzeichnung an.
Je kleiner dein Motiv ist, desto dünner solltest du die Multiliner-Spitze wählen. Gerade beim Gesicht von Flying Fairy empfehle ich die Stärke 0,3 mm, um feine Details, wie z. B. die Augen, Wimpern usw., sauber einzeichnen zu können.

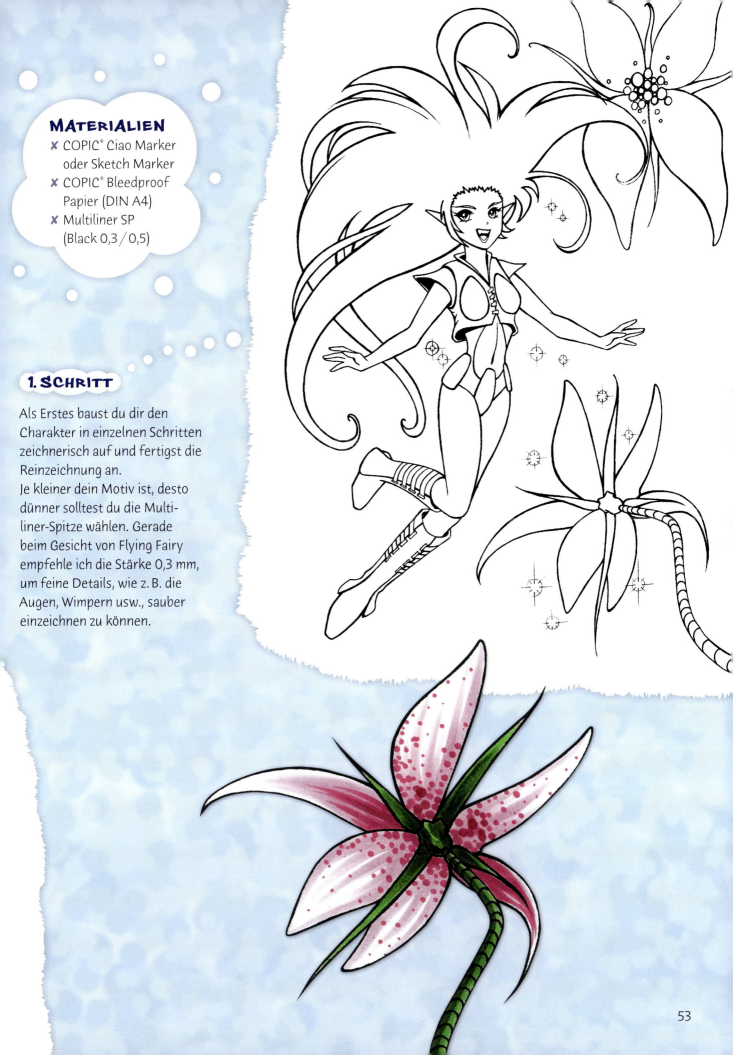

2. Schritt

Grundiere Flying Fairy, die Orchideen und den Hintergrund mit den hellen Farbtönen.
Da, wo die Haare der schwebenden Fee sich biegen, kannst du für die Glanzpunkte die Farbe aussparen oder später mit einem weißen weichen Buntstift aufhellen.

3. Schritt

Nun setzt du mit den dunklen Farbtönen die Schattierungen und Kontraste. Indem du mit der Pinselspitze viele kleine Punkte setzt, peppst du die Blumen auf und machst den vorher hellblau grundierten Himmel lebendiger.

TIPP
Versuche einmal, das ganze Bild anstelle von Punkten mit verschiedenfarbigen Streifen zu durchziehen. Gestalte die Orchideen dann ebenfalls anders. Das Ergebnis wird dich überraschen!

GOBLIN

COPIC Farben	Grundierung		Schatten
Goblin			
Haut	E31		E34
Fell	BG11		BG13
Schnabel	E02	YR02	R29
Augen	RV21		RV19
Marienkäfer			
Flügel	R29		
Augen	B12		
Fliege			
Zunge	R29		
Auge	B12		
Raupe			
Füße	BV08		
Bauch	Y08		YR24
Kopf/Rücken	BG45	RV19	B24
Schnecke	B12	BV00	
Blätter	YG05	YG67	
	YG13	YG45	
	G14		
Liane	E57		YG67
Himmel	FV2		BV08

„Goblin", der kleine Dschungelkobold, genießt mitten in der Nacht den Wald, die Früchte und die Gesellschaft seiner kleinen lustigen Nachbarn.
Bei diesem Bild muss du geduldig sein, denn es ist sehr lebendig und viele Details wuseln herum; du musst also sorgfältig zeichnen!
Mein Tipp: Falls für dich zu viele Motive auf diesem Bild sind, lasse einfach ein paar Charaktere darauf weg oder übe diese erst einmal separat auf einem Blatt.

1. Schritt

Bau dir alle Charaktere in einzelnen Schritten zeichnerisch auf und fertige die Reinzeichnung sauber an. Da sehr viel auf dem Bild rumwuselt, kannst du gerne Charaktere weglassen, um es dir zu vereinfachen. Für dieses Motiv brauchst du viel Geduld und etwas Zeit – du kannst aber auch die abgebildete Vorlage für die Reinzeichnung größer kopieren und abpausen.

Materialien
- COPIC® Ciao Marker oder Sketch Marker
- COPIC® Bleedproof Papier (DIN A4)
- Multiliner SP (Black 0,3 / 0,5 / 0,8)
- weißer Buntstift

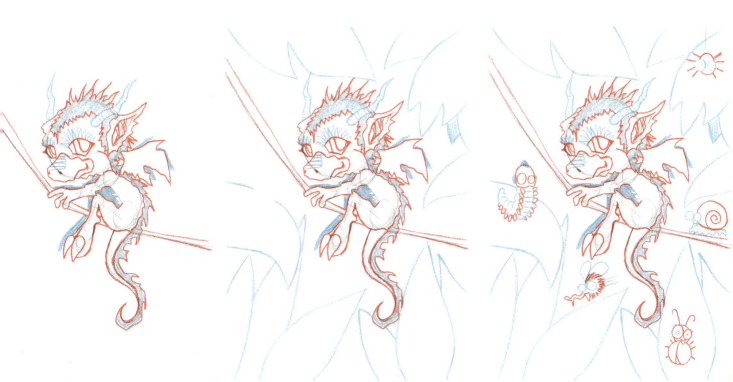

2. Schritt

Bei der Grundierung beginnst du am besten mit dem Goblin. Fange dabei beim Kopf an und arbeite dich dann langsam am Körper nach unten vor. Anschließend malst du die Blätter in verschiedenen Grüntönen aus. Die Dschungelbeeren umrandest du mit einem Farbton, der heller ist als der spätere Hintergrund. So leuchten die Beeren später ganz besonders.

3. Schritt

Um die Figur körperlich wirken zu lassen, fügst du nun die Schatten und Kontraste ein. Dann malst du den Himmel in der dunkelsten Farbe ganz aus.
Du wirst sehen, dass die Beeren durch die hellere Umrandung automatisch in den Vordergrund rücken. Mit einem weißen Buntstift zeichnest du zum Abschluss die Spinnweben ein.

4. Schritt

Zum Schluss arbeitest du letzte kleine Details aus. Die Beeren malst du nun alle aus, vielleicht sogar mit Metallic Gel-Stiften; so bekommen sie eine ganz eigene Note und heben sich durch den metallischen Effekt vom Hintergrund ab. Mit den dunklen Farben kannst du Kontraste verstärken und gibst so dem Bild mehr Tiefe.

TRIO BUMMTSCHAKKK

COPIC® Farben	Grundierung		Schatten	
Junge (vorne)				
Haut	E51		E21	
Haare	R17	E31	R27	
Augen	YG23		G14	
Shirt	C3		B29	
Flower Girl (rechts)				
Haut	E11		E33	
Haare	BV00		BV02	BV04
Augen	B12		B45	
Blume	Y17	R29	RV29	
Manga Girl (links)				
Haut	E21		E11	
Haare	YG23		G14	
Augen	RV13		RV06	
Amöbo-Man (links unten)				
Körper	BG34		BG23	
Bubbles	G00			
Augen	RV04			
Zunge	R27			
Lollo-Muutschuuu (rechts unten)				
Haut	B93		B45	
Flügel	B00			
Bauch/Schuppen	E31		E33	
Hintergrund	B29 Various Ink Colourless Blender			
Outline (Umrisse)	Aussparen oder Gel Pen Weiß			

Bei diesem Gruppenbild kannst du das in diesem Buch Gelernte mit mehreren Charakteren effektiv in einem Bild kombinieren. Bei diesem Bild habe ich viele Farben verwendet, du kannst aber auch mit weniger Farben arbeiten oder verschiedene Stifte kombinieren. Auch mit ganz wenigen Farben wird das Ergebnis sehr schön werden!

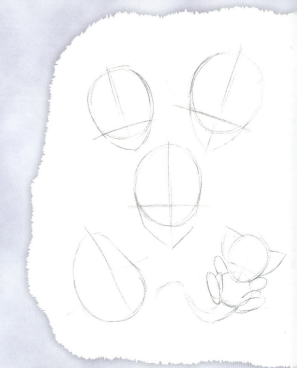

MATERIALIEN
- COPIC® Ciao Marker oder Sketch Marker
- COPIC® Bleedproof Papier (Din A4)
- Multiliner SP (Black 0,3, Sky Blue)
- Various Ink Colourless Blender
- Gel Pen Weiß

1. SCHRITT

Bau dir zeichnerisch die Charaktere in einzelnen Schritten auf und fertige die Reinzeichnung an. Bei zeichnerischen Schwierigkeiten kannst du die Reinzeichnung auch abpausen. Beginne bei der Reinzeichnung immer oben und arbeite dich nach unten vor. So gehst du sicher, dass du nicht aus Versehen mit der Handfläche die Farbe auf dem Papier verwischst.

Auch bei diesem Bild kannst du sehr schön variieren, indem du die Gesichter z. B. vom Ausdruck oder Geschlecht abänderst. Falls dir zu viele Charaktere auf dem Bild sind, lässt du ganz einfach die kleinen Mutanten weg.

2. SCHRITT

Mit den hellen Farbtönen malst du nun alle Charaktere auf dem Bild aus. Falls beim Ausmalen Streifen erscheinen sollten, fahre am besten noch einmal darüber, und der Farbton wird einheitlich.

TIPP

Durch eine weiße oder andersfarbige Outline kannst du ein Bildmotiv ohne großen Aufwand grafisch viel stärker hervorheben.

3. SCHRITT

Anschließend setzt du mit den dunklen Farbtönen die Schattierungen und Kontraste. Bei den Haaren setzt du mit der Pinselspitze am besten in den Spitzen und Haaransätzen an und arbeitest mit schnellen Bewegungen in die grundierte Fläche.

4. SCHRITT

Mit dem blauen Multiliner SP fährst du nun die Umrisse aller Charaktere nach und malst den Hintergrund aus. Du kannst auch anders vorgehen, indem du die Umrisse beim Ausmalen des Hintergrunds aussparst oder nachträglich mit einem weißen Gel-Pen nachfährst. Als Letztes tröpfelst du zur Aufhellung am Rand des Bildes sparsam etwas Various Ink Colourless Blender Tinte auf.

TSCHÜSS

Hier sind wir auch schon am Ende des Buches angelangt!
Ich hoffe, meine Tipps konnten dir helfen und meine Motive haben dich dazu angeregt, eigene neue Charaktere zu entwerfen!
Selbst wenn du nur ausgemalt hast, bringt dir das eine große Sicherheit im Umgang mit Farbe.
Und denke immer daran: Übung macht den Meister!!!
Je öfter du einen Charakter zeichnest, desto selbstsicherer wirst du mit der Zeit – das garantiere ich dir!
Trau dich zu experimentieren, probiere neue Materialien aus, verändere deine Bilder immer wieder – und vor allem: Lass dich nie unterkriegen, wenn mal etwas nicht perfekt läuft! Selbst ich habe mal einen schlechten Tag, an dem nichts klappen will. Das ist normal und nur zu menschlich. In dem Fall, dass alle Striche nicht sitzen wollen, widme dich am besten anderen Dingen und freue dich auf den kommenden Tag 😉
Viel Erfolg weiterhin, aber vor allem, noch mehr Spaß und Freude an deinen brandneuen Bildern!

Alles Liebe!
Dein „Sensei" Aleks

📞 Kreativ-Service

Sie haben Fragen zu den Büchern?
Frau Erika Noll ist für Sie da und beantwortet Ihnen Fragen zum Thema Malen und Zeichnen.
Rufen Sie an! Wir interessieren uns auch für Ihre eigenen Ideen und Anregungen.
Sie erreichen Frau Noll per E-Mail: **mail@kreativ-service.info** oder Tel.: **+49 (0) 5052/91 18 58**
Montag–Donnerstag: 9–17 Uhr / Freitag: 9–13 Uhr